BEI GRIN MACHT SICH IHR WISSEN BEZAHLT

- Wir veröffentlichen Ihre Hausarbeit, Bachelor- und Masterarbeit

- Ihr eigenes eBook und Buch - weltweit in allen wichtigen Shops

- Verdienen Sie an jedem Verkauf

Jetzt bei www.GRIN.com hochladen und kostenlos publizieren

Bibliografische Information der Deutschen Nationalbibliothek:

Die Deutsche Bibliothek verzeichnet diese Publikation in der Deutschen National-
bibliografie; detaillierte bibliografische Daten sind im Internet über http://dnb.d-
nb.de/ abrufbar.

Impressum:

Copyright © 2007 GRIN Verlag, Open Publishing GmbH
Druck und Bindung: Books on Demand GmbH, Norderstedt Germany
ISBN: 978-3-656-90536-3

Ane Govers

Die Bilanzierung von Zweckgesellschaften nach HGB

GRIN Verlag

Die Bilanzierung von Zweckgesellschaften nach HGB

Ane Govers

Inhaltsverzeichnis

Abkürzungsverzeichnis

ABlEG	Amtsblatt der Europäischen Gemeinschaft
ABS-Transaktionen	Asset-Backed-Securities-Transaktionen
AG	Aktiengesellschaft
AICPA	American Institute of Certified Public Accountants
AktG	Aktiengesetz
AO	Abgabenordnung
ARB	Accounting Research Bulletin
BB	Betriebs-Berater (Zeitschrift)
BilMoG	Bilanzrechtsmodernisierungsgesetz
BMF	Bundesministerium der Finanzen
BMJ	Bundesministerium der Justiz
BW	Barwert
CF	Cashflow
Darst.	Darstellung
DAX	Deutscher Aktienindex
DRSC	Deutsche Rechnungslegungs Standards Commitee
DSR	Deutscher Standardisierungsrat
DStR	Deutsches Steuerrecht (Zeitschrift)
e. V.	eingetragener Verein
E-DRS	Entwurf Deutscher Rechnungslegungsstandard
EG	Europäische Gemeinschaft
EITF	Emerging Issues Task Force
EK	Eigenkapital
EStG	Einkommensteuergesetz
EU	Europäische Union
EWG	Europäische Wirtschaftsgemeinschaft
FASB	Financial Accounting Standards Board
FIN	Financial Interpretation
GEFIU	Gesellschaft für Finanzwirtschaft in der Unternehmensführung
GewStG	Gewerbesteuergesetz
GmbH	Gesellschaft mit beschränkter Haftung
GrEStG	Grunderwerbsteuergesetz
GuV	Gewinn- und Verlustrechnung
HFA	Hauptfachausschuss

HGB	Handelsgesetzbuch
IAS	International Accounting Standard
IASB	International Accounting Standards Board
IDW	Institut der Wirtschaftsprüfer
IDW RS	IDW Stellungnahmen zur Rechnungslegung
IFRIC	International Financial Reporting Interpretations Committee
IFRS	International Financal Reporting Standards
KG	Kommanditgesellschaft
KoR	Kapitalmarktorientierte Rechnungslegung (Zeitschrift)
KStG	Körperschaftsteuergesetz
KWG	Kreditwesengesetz
LN	Leasingnehmer
LuL	Lieferungen und Leistungen
MU	Mutterunternehmen
p	Wahrscheinlichkeit
PublG	Publizitätsgesetz
QSPE	Qualifying Special Purpose Entity
ROI	Return on Investment
Rz.	Randziffer
SEC	Securities and Exchange Commission
SFAS	Statement of Financial Accounting Standards
SIC	Standing Interpretations Committee
SPE	Special Purpose Entity
TU	Tochterunternehmen
US-GAAP	United States Generally Accepted Accounting Principles
USA	United States of America
Vb.	Verbindlichkeiten
VFE-Lage	Vermögens-, Finanz- und Ertragslage
VG	Vermögensgegenstände
VI	Variable Interests
VIE	Variable Interest Entity

Einleitung

Die Verpflichtung zur Konzernrechnungslegung wird im Handelsrecht für Kapital-
gesellschaften (§ 264 HGB) und bestimmte Personengesellschaften (§ 264a HGB) im § 290
HGB kodifiziert, andere Rechtsformen müssen erst die Grenzen des § 11 Abs. 1 PublG
überschreiten. Der Gesetzgeber hat für die erste Variante ebenfalls Erleichterungen in Form
von Größenmerkmalen (§ 293 HGB) erlassen, deren Überschreitung die Befreiung von der
Konzernrechnungslegungspflicht aufhebt.[1]

Prinzipiell besteht die Verbindlichkeit zur Aufstellung eines Konzernabschlusses, wenn ein
Unternehmen auf wenigstens ein Tochterunternehmen einen beherrschenden Einfluss
ausübt und somit ein Mutter-Tochter-Verhältnis vorliegt. Dieses kann nach nationalen
Vorschriften entweder durch eine einheitliche Leitung (§ 290 Abs. 1 HGB) oder durch die
Beherrschungsmöglichkeit im Rahmen des Control-Konzeptes (Abs. 2) begründet werden,
wobei beide Ansätze unabhängig voneinander zu prüfen sind. Es handelt sich dabei um zwei
sehr unterschiedliche theoretische Konzepte, die aber im Regelfall, sofern die formalen
Voraussetzungen nach Absatz 2 erfüllt sind, den gleichen Konsolidierungskreis ergeben.[2]

Im Vergleich zu den anderen Rechtskreisen finden sich im Handelsrecht zur
Konsolidierungsfrage von SPEs keine speziellen Vorschriften, so dass eine Bilanzierung nur
erfolgen kann, sofern ein Mutter-Tochter-Verhältnis gemäß den alternativen Tatbeständen
nach § 290 Abs. 1 oder Abs. 2 HGB erfüllt ist.[3] Die nachfolgenden Ausführungen werden
zeigen, dass dieses nach geltendem Recht nur dann möglich sein kann, wenn die
Stimmrechte an dem Tochterunternehmen über § 290 Abs. 3 HGB dem Mutterunternehmen
wirtschaftlich zugerechnet werden können.[4] In Bezug auf Leasingobjektgesellschaften, bei
denen das für Zweckgesellschaften typisch asymmetrische Verhältnis von Stimmrechten und
Kapitaleinlagen vorliegt, wurde dieses Merkmal in der betriebswirtschaftlichen Literatur als
Anknüpfungspunkt für eine mögliche Konsolidierung beim LN gesehen.[5]

---

[1] Anmerkung: Auf die Befreiungsmöglichkeiten vom Konzernabschluss gemäß den §§ 291, 292 HGB wird in
dieser Ausarbeitung nicht eingegangen.

[2] Vgl. Hoyos, M. / Ritter-Thiele, K.: § 290 HGB Konzernabschluss, 2006, Rz. 7; ebenso Adler, H. u. a.: § 290 HGB
Konzernabschluss (ADS), 1996, Rz. 11 und Rz. 79; dem schließen sich an: Küting, K. / Weber, C.-P.: Der
Konzernabschluss, 2005, S. 96. Gemäß HELMSCHROTT besteht aber auch die Möglichkeit, dass es aufgrund
der unterschiedlichen Konzepte zu mehrfachen Konzerngehörigkeiten kommen kann. Für diesen Fall enthält
das Handelsrecht aber keine Vorschrift, vgl. Helmschrott, H.: Einbeziehung einer Leasingobjektgesellschaft,
1999, S. 1866. Ebenso Adler, H. u. a.: § 290 HGB Konzernabschluss (ADS), 1996, Rz. 82ff. Ein Ausweg würde
sich nur im Rahmen der Einbeziehungswahlrechte nach § 296 HGB ergeben.

[3] Vgl. Brakensiek, S. / Küting, K.: Special Purpose Entities, 2002, S. 214.

[4] Vgl. Küting, K. / Weber, C.-P.: Der Konzernabschluss, 2005, S. 102.

[5] Vgl. Brakensiek, S. / Küting, K.: Special Purpose Entities, 2002, S. 214.

1   Konsolidierung nach dem Konzept der einheitlichen Leitung

Gemäß § 290 Abs. 1 HGB ist die Aufstellung eines Konzernabschlusses vorzunehmen, wenn *„Unternehmen unter der **einheitlichen Leitung** einer Kapitalgesellschaft"* als Mutterunternehmen (MU) *„mit Sitz im Inland"* stehen und das MU *„eine Beteiligung nach § 271 Abs. 1 HGB... an den unter (dieser) einheitlichen Leitung stehenden Unternehmen"*[6] (un-)mittelbar hält.

Der Begriff der einheitlichen Leitung ist weder allgemeingültig definiert noch im Gesetz näher konkretisiert.[7] Nur mit Hilfe des § 18 Abs. 1 Satz 2 AktG, der eine unwiderlegbare Vermutung einer einheitlichen Leitung bei Vorliegen eines Beherrschungsvertrages oder einer Eingliederung konstruiert, kann dieser Rechtsunsicherheit begegnet werden.[8] Unter dem Begriff ist nach herrschender Literaturmeinung weiterhin eine „Übernahme originärer Leitungsaufgaben"[9], die sich aufgrund einer Abstimmung der Geschäftspolitik der Konzerngesellschaften durch die Konzernleitung äußert, zu verstehen. Es muss zwar kein Weisungsrecht bestehen, aber als ein deutliches Zeichen wird eine Unterordnung der Einzelinteressen des Tochterunternehmens unter das Konzerninteresse gesehen.[10] Die einheitliche Leitung muss tatsächlich ausgeübt werden. Eine Möglichkeit der Ausübung reicht als Merkmal nicht aus. Aufgrund der fehlenden Kodifizierung, was unter einheitlicher Leitung zu verstehen ist, sind die Bilanzierenden gezwungen, eine Einzelfallbeurteilung vorzunehmen. Als weitere Kennzeichen können die einheitliche Festsetzung von Unternehmenszielen, Finanzpolitik oder Personalverflechtungen identifiziert werden. Auch die Besetzung der Leitungsgremien, die Gestaltung von Anstellungsverträgen und die Ausübung der Unternehmenskontrolle können mögliche Indizien sein.[11] Liegen die Merkmale des § 18 AktG vor, kann somit stets von der Erfüllung einer einheitlichen Leitung ausgegangen werden.[12]

Die Konzeption der einheitlichen Leitung ist zwar in seiner Handhabung flexibler als das noch zu erläuternde Control-Konzept anzuwenden, aber eine praktische Anwendung ist aufgrund der fehlenden genaueren Definition nur sehr schwer möglich.[13] Zudem kennen weder die IFRS noch die US-GAAP eine Konzernrechnungslegungspflicht aufgrund einer

---

[6] Anmerkung: Die Hervorhebung und die kursive Schrift wurden durch den Verfasser eingefügt.

[7] Vgl. Küting, K. / Weber, C.-P.: Der Konzernabschluss, 2005, S. 92f.; vgl. auch Hoyos, M. / Ritter-Thiele, K.: § 290 HGB Konzernabschluss, 2006, Rz. 20 wie auch Adler, H. u. a.: § 290 HGB Konzernabschluss (ADS), 1996, Rz. 13.

[8] Vgl. Küting, K. / Weber, C.-P.: Der Konzernabschluss, 2005, S. 93. ADLER ist der Auffassung, dass diese Merkmale nicht zwangsläufig zur einheitlichen Leitung führen, allerdings spricht die starke gesellschaftliche Bindung trotzdem dafür, auch wenn diese nicht genutzt werden sollte, vgl. Adler, H. u. a.: § 18 AktG, 1996, Rz. 18.

[9] Vgl. Hoyos, M. / Ritter-Thiele, K.: § 290 HGB Konzernabschluss, 2006, Rz. 20.

[10] Vgl. Hoyos, M. / Ritter-Thiele, K.: § 290 HGB Konzernabschluss, 2006, Rz. 21; ebenso Adler, H. u. a.: § 18 AktG, 1996, Rz. 20.

[11] Vgl. Hoyos, M. / Ritter-Thiele, K.: § 290 HGB Konzernabschluss, 2006, Rz. 22; vgl. dazu Adler, H. u. a.: § 18 AktG, 1996, Rz. 24ff.

[12] Hoyos, M. / Ritter-Thiele, K.: § 290 HGB Konzernabschluss, 2006, Rz. 23f.

[13] Vgl. Adler, H. u. a.: § 290 HGB Konzernabschluss (ADS), 1996, Rz. 11. Der Grund für die fehlende Konkretisierung liegt darin, dass der Gesetzgeber den vielfältigen Erscheinungsformen gerecht werden wollte.

einheitlichen Leitung. Dieses Konzept bestand bereits vor dem Bilanzrichtliniengesetz aus dem Jahre 1985, bei dessen Einführung der Gesetzgeber vorgab, auch weiterhin an dem Merkmal der einheitlichen Leitung festhalten zu wollen.[14]

In der Literatur gibt es unterschiedliche Auffassungen bezüglich einer Konsolidierung von Zweckgesellschaften aufgrund des Konzeptes der einheitlichen Leitung.

(a) HOYOS/RITTER-THIELE vertreten die Meinung, dass eine einheitliche Leitung in Verbindung mit einer Beteiligung[15] der MU an der SPE oftmals vorliege, so dass eine Konsolidierung zu bejahen sei. Zudem sehen sie bei denjenigen Konstruktionen, bei denen die wesentlichen Grundlagen der Geschäftstätigkeit im Vorwege bereits festgelegt sind (Autopilot) und damit eine Stimmrechtsmehrheit eines Dritten hinfällig wird, ebenfalls eine Erfüllung des Tatbestandes der einheitlichen Leitung.[16] Auch ADLER/DÜRING/SCHMALTZ sind der Auffassung, dass zumindest über eine Vermutungskette gemäß den §§ 17 Abs. 2 und 18 Abs. 1 Satz 3 AktG eine einheitliche Leitung erfüllt sei. Jedoch setzt diese ebenfalls eine Beteiligung voraus.[17]

(b) Eine andere Ansicht vertreten SCHRUFF, SCHIMMELSCHMIDT/HAPPE und HELMSCHROTT. Sie stimmen zu, dass eine einheitliche Leitung aufgrund einer tatsächlichen Unterordnung der SPE unter dem Konzerninteresse bei Gründung für spezielle Aufgaben im Interesse des Sponsors gegeben sei. Allerdings sehen sie bei einem Autopilot gerade nicht eine tatsächliche Ausübung der einheitlichen Leitung, da keine Partei originäre Leitungsaufgaben übernehmen könne, sondern die SPE gemäß der geschlossenen Verträge nur verwaltet wird. Sie verneinen ebenso, dass eine einheitliche Leitung im Rahmen des Gründungsprozesses auf den Sponsor bezogen werden könne. Eher argumentieren sie, dass die vertraglichen Grundlagen aufgrund eines Interessensausgleichs der beteiligten Parteien entstanden seien und die einheitliche Leitung nicht teilbar sei.[18]

Als Konsequenz der Konsolidierung einer Zweckgesellschaft beim Sponsor kommt es dazu, dass Vermögensgegenstände und Schulden, die im Einzelabschluss des Sponsors nicht bilanziert sind, ihm über die Konsolidierung im Konzern zugerechnet werden.[19]

---

[14] Vgl. Küting, K. / Weber, C.-P.: Der Konzernabschluss, 2005, S. 91f. Der Gesetzgeber wollte einer Harmonisierung des Konzernrechts auf internationaler Ebene nicht zuvorkommen.

[15] Anmerkung: PELLENS ist der Meinung, dass diese bei Zweckgesellschaften gerade nicht vorliegt, vgl. Pellens, B. u. a.: Internationale Rechnungslegung, 2006, S. 142.

[16] Vgl. Hoyos, M. / Ritter-Thiele, K.: § 290 HGB Konzernabschluss, 2006, Rz. 31f. Ihre Auffassung bezieht sich zwar auf Leasingobjektgesellschaften, allerdings wird der Autopilot auch bei ABS-Transaktionen und anderen Konstruktionen eingesetzt.

[17] Vgl. Adler, H. u. a.: § 290 HGB Konzernabschluss (ADS), 1996, Rz. 81. § 17 Abs. 2 AktG sagt aus, dass „von einem in Mehrheitsbesitz stehenden Unternehmen ... vermutet (wird), dass es von dem an ihm beteiligten Unternehmen abhängig ist." Der § 18 Abs. 1 Satz 3 AktG bezieht sich auf das abhängige Unternehmen, „dass ... mit dem herrschenden Unternehmen einen Konzern" bildet.

[18] Vgl. Schruff, W. / Rothenburger, M.: Konsolidierung von Special Purpose Entities, 2002, S. 763; vgl. auch Schimmelschmidt, U. / Happe, P.: Off-Balance-Sheet-Finanzierungen, 2004, S. 3; ebenso Helmschrott, H.: Einbeziehung einer Leasingobjektgesellschaft, 1999, S. 1868.

[19] Vgl. Hoyos, M. / Ritter-Thiele, K.: § 290 HGB Konzernabschluss, 2006, Rz. 32.

Wenn ein Interessensausgleich aller Beteiligten auf der Basis eines Autopiloten vorliegt, halten die Autoren zu (a) eine Konsolidierungspflicht aufgrund einer einheitlichen Leitung für begründet. Eine Bilanzierung hätte gemäß den Regeln für Gemeinschaftsunternehmen zu erfolgen.[20] Der Verfasser schließt sich jedoch den Argumenten der Autoren, die in diesem Fall eine einheitliche Leitung verneinen, an. Die Objektgesellschaft wird zwar für Zwecke des Sponsors gegründet, allerdings werden die anderen Parteien nur daran teilhaben, wenn bei der Vertragsgestaltung ihre Vorstellungen mit Berücksichtigung finden und sie von der Geschäftstätigkeit der Gesellschaft profitieren. Auch wenn eine einheitliche Leitung vorliegen sollte, so scheitert eine Konsolidierungspflicht an der typischerweise nicht vorhandenen Beteiligung zwischen Sponsor und Zweckgesellschaft. Diese ist gemäß Handelsrecht aber zwingend notwendig.

Dieses kann sich zukünftig allerdings ändern, da das Europäische Parlament und der Europäische Rat am 17.07.2003 die so genannte Modernisierungsrichtlinie[21] veröffentlicht haben, bei der unter anderem eine Aktualisierung der 7. EG-Richtlinie (Konzernrichtlinie)[22] vorgenommen wurde. Gemäß Art. 1 Abs. 2 dieser Richtlinie soll das Bestehen einer Beteiligung kein Merkmal mehr für eine Mutter-Tochter-Beziehung sein. Die europäische Kommission geht damit auf die fehlerhafte Entwicklungen in den Vorjahren bezüglich der Zweckgesellschaften ein und beabsichtigt, diese mit Hilfe der genannten Änderungen im Konsolidierungskreis zu erfassen. Sie argumentiert, dass die bisherige Regelung nicht zeitgemäß und eine Anpassung an die internationalen Rechnungslegung notwendig sei.[23] Der nationale Gesetzgeber hat aber verlauten lassen, diese Änderung erst im Bilanzrechtsmodernisierungsgesetz umzusetzen, dessen Veröffentlichung noch aussteht.[24] Hierdurch wird ihm die Möglichkeit eröffnet, den § 290 Abs. 1 HGB entsprechend anzupassen.[25]

---

[20] Vgl. Hoyos, M. / Ritter-Thiele, K.: § 290 HGB Konzernabschluss, 2006, Rz. 32. Ähnlich argumentiert aber auch HELMSCHROTT, der bei einer gemeinschaftlichen Führung einer SPE aber keine einheitliche Leitung durch eine Partei sieht. Zur Konsolidierung von SPEs als Joint Venture.

[21] Richtlinie 2003/51/EG vom 18.06.2003, in: ABlEG L 178 vom 17.07.2003, S. 16ff.

[22] Siebente gesellschaftsrechtliche Richtlinie 83/349/EWG über den konsolidierten Abschluss vom 13.06.1983, in: ABlEG L 193 v. 18.07.1983, S. 1ff., zuletzt geändert am 14.06.2006, in: ABlEG L 224 vom 16.08.2006, S. 1ff.

[23] Vgl. Niehus, R.: Modernisierung der Bilanzrichtlinien, 2002, S. 1388.

[24] Vgl. Born, K.: Rechnungslegung international, 2007, S. 615.

[25] Vgl. Küting, K. / Weber, C.-P.: Der Konzernabschluss, 2005, S. 95; ebenso Knorr, L. u. a.: Konzernrechnungslegungspflicht, 2005, S. 2400f. Auch der DSR hat sich dafür ausgesprochen, das Beteiligungskriterium beim Konzept der einheitlichen Leitung zu streichen. In einer E-Mail-Anfrage des Verfassers an das Bundesministerium der Justiz (BMJ) hat dieses verlauten lassen, dass derzeit kein konkreter Inhalt zum Gesetzentwurf vorgelegt werden kann. Antwort des BMJ vom 29.06.2007, der antwortende Sachbearbeiter möchte anonym bleiben.

2 Konsolidierung nach dem Control-Konzept

Der zweite Absatz des § 290 HGB schreibt einer Kapitalgesellschaft mit Sitz im Inland die Aufstellung eines Konzernabschlusses vor, *„wenn ihr bei einem Unternehmen*

(a) *die **Mehrheit der Stimmrechte** der Gesellschafter zusteht,*

(b) *das Recht zusteht, die **Mehrheit der Mitglieder des Verwaltungs-, Leitungs- oder Aufsichtsorgans zu bestellen oder abzuberufen**, und sie gleichzeitig Gesellschafter ist oder*

(c) *das Recht zusteht, einen **beherrschenden Einfluss** ... (auf) dieses Unternehmen auszuüben."*[26]

Bei dem Control-Konzept handelt es sich um den Hauptansatzpunkt in der Konzernrechnungslegung, da dieses gemäß Art. 1 Abs. 1 der 7. EG-Richtlinie zwingend angewendet werden muss und es als alleiniges Anknüpfungsmerkmal nach IFRS und US-GAAP gilt.[27] In der Literatur wird zusätzlich darauf hingewiesen, dass es sich bei diesem Konzept aufgrund der drei klaren Abgrenzungskriterien um das praktikablere Modell handelt und es deshalb von den EU-Mitgliedstaaten deutlich bevorzugt wird.[28] Diese Merkmale lösen jeweils für sich betrachtet eine Konzernrechnungslegungspflicht aus.

Bei der *Mehrheit der Stimmrechte* handelt es sich um eine unwiderlegbare Vermutung für ein Mutter-Tochter-Verhältnis, bei dem die Höhe der Kapitalbeteiligung keine Rolle spielt. Dieses Kriterium muss auf alle wesentlichen Entscheidungsbereiche der Tochtergesellschaft beziehen und muss sich auch rechtlich gesichert sein. Eine Präsenzmehrheit auf der Hauptversammlung kann nicht ausreichen. Dieses faktische Control hat der deutsche Gesetzgeber im Rahmen eines Mitgliedstaatenwahlrechts nicht umgesetzt.[29]

Bei dem zweiten Kriterium – *Mehrheit der Rechte zur Bestellung/Abberufung von Führungsorganen* – reicht ein Besetzungsrecht für ein Organ als Grund für die Konsolidierungspflicht aus. Bei den Organen handelt es sich zum Beispiel um die Vorstandsmitglieder, Geschäftsführer, Aufsichts- und Verwaltungsräte und Beiräte. Wie in Ziffer eins muss eine rechtliche Grundlage vorliegen. Eine faktische Mehrheit erfüllt den Tatbestand nicht.[30]

---

[26] § 290 Abs. 2 HGB; Anmerkung: Die Hervorhebungen und die kursive Schrift wurden durch den Verfasser eingefügt.

[27] Vgl. Küting, K. / Weber, C.-P.: Der Konzernabschluss, 2005, S. 95f.

[28] Vgl. Adler, H. u. a.: § 290 HGB Konzernabschluss (ADS), 1996, Rz. 10f.; ebenso Küting, K. / Weber, C.-P.: Der Konzernabschluss, 2005, S. 96.

[29] Vgl. Adler, H. u. a.: § 290 HGB Konzernabschluss (ADS), 1996, Rz. 34ff. und 81; vgl. dazu auch Hoyos, M. / Ritter-Thiele, K.: § 290 HGB Konzernabschluss, 2006, Rz. 41. Handelt es sich dagegen um eine nachhaltige Mehrheit, so muss eine Aufstellungspflicht nach Absatz 1 geprüft werden.

[30] Vgl. Adler, H. u. a.: § 290 HGB Konzernabschluss (ADS), 1996, Rz. 44ff.; siehe dazu auch Hoyos, M. / Ritter-Thiele, K.: § 290 HGB Konzernabschluss, 2006, Rz. 52f.

Die Ausübung eines *beherrschenden Einflusses aufgrund eines Beherrschungsvertrages*, mithin die dritte Möglichkeit, wurde durch den Gesetzgeber nicht näher definiert. Die Literatur verweist auf das Aktiengesetz (§§ 17, 291 AktG). Für eine Konsolidierung wird weder eine Beteiligung noch eine Gesellschafterstellung vorausgesetzt.[31] Es kann davon ausgegangen werden, dass Beherrschungsverträge zwischen dem Sponsor und der Zweckgesellschaften nicht vorkommen, da sie ansonsten eine Konsolidierungspflicht begründen würden.

Im Gegensatz zur einheitlichen Leitung reicht für die Begründung eines Mutter-Tochter-Verhältnisses die Möglichkeit aus, einen beherrschenden Einfluss auf eine Tochtergesellschaft auszuüben, um eine Verpflichtung zur Aufstellung eines Konzernabschluss zu begründen.[32] Von dieser Möglichkeit muss tatsächlich kein Gebrauch gemacht werden, wodurch auch das reine Verwalten von Beteiligungen eine Aufstellungspflicht begründen kann.[33]

Sofern Tochtergesellschaften konsolidiert werden sollen, bei denen eine Beherrschung behindert wird, besteht die Möglichkeit der Korrektur durch Einbeziehungswahlrechte (§ 296 HGB). Des Weiteren lässt der Gesetzgeber eine Abkehr von der formalrechtlichen zu einer wirtschaftlichen Betrachtungsweise nach § 290 Abs. 3 HGB zu, in dem Rechte einem MU zu- oder abgerechnet werden können. Dieser Punkt ist insbesondere für die Konsolidierung von Zweckgesellschaften interessant.

In der betriebswirtschaftlichen Literatur herrscht Einigkeit darüber, dass nach dem Control-Konzept keine Grundlage für eine Konsolidierung von Zweckgesellschaften beim Sponsor vorliegt. Da bei einer typisierten Objektgesellschaft die Mehrheit der Stimmrechte dem Investor zustehen und er zudem üblicherweise die Besetzung der Leitungs- und Überwachungsorgane vornehmen kann, ist eine Einbeziehung in den Konsolidierungskreis des Sponsors aufgrund dieser formalrechtlichen Kriterien nicht gegeben.[34] SCHRUFF/ ROTHENBURGER sehen dieses Ergebnis vor dem Hintergrund des Hauptzwecks eines Konzernabschlusses, nämlich der Informationsfunktion, kritisch, sofern der Sponsor die Mehrheit der Chancen und Risiken aus der Objektgesellschaft besitzt. Eine sachgerechte Würdigung aufgrund einer wirtschaftlichen Betrachtungsweise dürfe deren Auffassung nach nicht zu dieser Lösung führen. Vielmehr sei die Mehrheit der Stimmrechte für den Investor in den Fällen nicht nutzbar, in denen Zweckgesellschaften mit einem Autopilot ausgestattet

---

[31] Vgl. Adler, H. u. a.: § 290 HGB Konzernabschluss (ADS), 1996, Rz. 52ff.; ebenso Hoyos, M. / Ritter-Thiele, K.: § 290 HGB Konzernabschluss, 2006, Rz. 58ff.

[32] Vgl. Küting, K. / Weber, C.-P.: Der Konzernabschluss, 2005, S. 95f.; vgl. dazu auch Hoyos, M. / Ritter-Thiele, K.: § 290 HGB Konzernabschluss, 2006, Rz. 37.

[33] Vgl. Adler, H. u. a.: § 290 HGB Konzernabschluss (ADS), 1996, Rz. 29; siehe auch Küting, K. / Weber, C.-P.: Der Konzernabschluss, 2005, S. 96.

[34] Vgl. Schruff, W. / Rothenburger, M.: Konsolidierung von Special Purpose Entities, 2002, S. 764; siehe dazu auch Helmschrott, H.: Einbeziehung einer Leasingobjektgesellschaft, 1999, S. 1866f.; ebenso Schimmelschmidt, U. / Happe, P.: Off-Balance-Sheet-Finanzierungen, 2004, S. 3.

wurden und alle wesentlichen Geschäftsgrundlagen vorherbestimmt sind. Das wirtschaftliche Interesse des Investors bezieht sich nur auf die Erfüllung der geschlossenen Verträge. Der Sponsor kann damit ohne Risiko auf Stimmrechte verzichten.[35]

Wenn der Sponsor die Mehrheit der Chancen und Risiken an der Geschäftstätigkeit der SPE trägt, wurde in der Literatur mit Hilfe des § 290 Abs. 3 HGB ein möglicher Konsolidierungsansatz beim Sponsor entwickelt, welcher im folgenden Abschnitt erläutert werden soll.

3 Konsolidierung aufgrund von § 290 Absatz 3 HGB

Die nachfolgenden Ausführungen basieren auf einen Aufsatz von GELHAUSEN/WEIBLEN, die sich mit der Behandlung von Leasingverträgen im Konzernabschluss beschäftigten und sich in bestimmten Fällen für eine Konsolidierungspflicht einer Leasingobjektgesellschaft beim Sponsor (LN) nach § 290 Abs. 3 HGB aussprechen.[36] Diese Norm wird angewendet, wenn einem Mutterunternehmen (MU) Rechte an ein Tochterunternehmen (TU) zugeordnet werden, bei dem sich aus diesen Rechten wirtschaftliche Chancen und Risiken für das MU ergeben. Dabei hält ein Dritter (Treuhänder) die Rechte für Rechnung des MUs oder des TUs.[37]

Laut den Autoren ist im Falle des Leasingnehmerbeteiligungsmodells, bei dem das Leasingunternehmen die Mehrheit der Stimmrechte an der SPE hält, der Leasingnehmer (LN) aber fast vollständig die Zweckgesellschaft finanziert, die Zurechnung zum Leasinggeber im Rahmen der Konsolidierung als zweifelhaft anzusehen. Die vertraglichen Vereinbarungen zwischen Leasingunternehmen, LN und SPE sorgen dafür, dass die Objektgesellschaft die wesentlichen Chancen und Risiken aus der Geschäftstätigkeit trägt. Aufgrund der Kapitalbeteiligung des LNs (als Kommanditist) können diesem jedoch auch Chancen und Risiken der SPE zugeordnet werden. Im Prozess der Konsolidierung werden die Beteiligungen an den selbständigen Gesellschaften unter der Fiktion der rechtlichen Einheit aufgehoben und es treten an deren Stelle die einzelnen Vermögensgegenstände derjenigen Unternehmen, die zum Konsolidierungskreis gehören. Sofern die Objekt-gesellschaft ebenfalls zu dem Kreis des LNs zugeordnet werden kann, fallen deren Chancen und Risiken dem LN zu. Diese Einbeziehung kann trotz Stimmrechtsmehrheit und der Besetzungsrechte des Leasingunternehmens durch eine Zurechnung der Anteile gemäß § 290 Abs. 3 HGB erfolgen. Obwohl keine explizite Treuhandvereinbarung zwischen dem Leasingunternehmen und dem LN geschlossen wurde, argumentieren die Autoren, dass die

---

[35] Vgl. Schruff, W. / Rothenburger, M.: Konsolidierung von Special Purpose Entities, 2002, S. 764.

[36] Vgl. Gelhausen, F. / Weiblen, S.: Leasingverträge im Konzernabschluss, 2003, Rz. 185ff. Quellen, die Sachverhalte weiter erläutern, werden gesondert ausgewiesen. Der ursprüngliche Aufsatz stammt von GELHAUSEN/GELHAUSEN und wurde 1995 an gleicher Stelle veröffentlicht.

[37] Vgl. Adler, H. u. a.: § 290 HGB Konzernabschluss (ADS), 1996, Rz. 139.

wirtschaftlichen Folgen der Tätigkeit der SPE in letzter Konsequenz den LN betreffen. Es sei somit eine Zurechnung der durch das Leasingunternehmen gehaltenen Stimm- und Besetzungsrechte zum Konzernkreis des LNs zu fordern. Die Objektgesellschaft würde als TU des LNs klassifiziert werden.

Ein anderes Ergebnis würde sich ergeben, wenn das Leasingunternehmen oder ein anderer, finanzierender Dritter (z. B. ein Kreditinstitut, private Investoren (Leasingfonds)) ein „hinreichendes wirtschaftliches Eigeninteresse" an der SPE vorweisen können. Dieses wäre zum Beispiel beim Grundfall anzunehmen, da sich der LN nur mit einer geringen Kapitalanlage beteiligt und das Leasingunternehmen als Komplementär die gesamten Risiken übernimmt. Dieses Haftungsrisiko wird nur in den Fällen wieder hinfällig, wenn der LN als Kommanditist, wie im ersten Fall, eine hohe Kapitaleinlage erbringt oder ein wesentliches Gesellschafterdarlehen zur Verfügung stellt.

GELHAUSEN/WEIBLEN vertreten die Meinung, dass ein hinreichendes wirtschaftliches Interesse des Leasingunternehmens dann gegeben ist, wenn dieses „nicht nur unwesentlich" beteiligt ist. Sie beziehen sich auf das Kriterium der Wesentlichkeit und schlagen eine Beteiligung[38] von mindestens 5 % vor, empfehlen aber aus Gründen der Rechtssicherheit ein höheres Engagement. Sollte sich zudem ein Fremdgesellschafter an dem Konstrukt beteiligen und dieser auch am wirtschaftlichen Ergebnis der SPE beteiligt sein, so wird eine Zurechnung der Rechte beim LN erschwert, da der Komplementär nicht nur für den LN handelt. Sie sehen als Mindestgrenze eine Beteiligung in Höhe von 30 % des Kapitalbedarfs, wobei dieser durch den Dritten in Form von Eigenkapital oder Fremdkapital zur Verfügung gestellt werden kann. Eine alleinige Zurechnung beim LN entspräche demzufolge nicht mehr den wirtschaftlichen Gegebenheiten.

Der präsentierte Ansatz wurde in der Literatur eingehend diskutiert und kritisch beurteilt, weshalb einige Meinungen vorgestellt werden sollen.

SCHRUFF/ROTHENBURGER[39] halten die Grenze einer fünfprozentigen Beteiligung des LG ebenso wie HELMSCHROTT[40] für zu niedrig bemessen und plädieren für mindestens 10 %.[41] Dieser Idee wird aber nicht nur positiv begegnet. So lehnen SCHIMMELSCHMIDT/ HAPPE und HOYOS/RITTER-THIELE das quantitative Merkmal als nicht überzeugend ab und verweisen darauf, dass eine derartige Regelung im HGB nicht zu finden sei.[42]

---

[38] Anmerkung: Diese bezieht sich nicht nur auf die Kapitaleinlage, sondern auch auf den Anteil am Jahresgewinn/-verlust und am Liquidationserlös.

[39] Vgl. Schruff, W. / Rothenburger, M.: Konsolidierung von Special Purpose Entities, 2002, S. 764.

[40] Vgl. Helmschrott, H.: Einbeziehung einer Leasingobjektgesellschaft, 1999, S. 1867.

[41] Grundlage der Forderung von HELMSCHROTT sind die Zurechnungskriterien nach den Leasingerlassen, die eine Zurechnung beim Leasinggeber im Einzelabschluss verlangen, wenn dieser für mindestens 10 % der Nutzungsdauer die Risiken und Chancen trägt, Helmschrott, H.: Einbeziehung einer Leasingobjektgesellschaft, 1999, S. 1867.

[42] Vgl. Schimmelschmidt, U. / Happe, P.: Off-Balance-Sheet-Finanzierungen, 2004, S. 4; ebenso Hoyos, M. / Ritter-Thiele, K.: § 290 HGB Konzernabschluss, 2006, Rz. 77.

Die Frage nach der Beurteilung eines hinreichenden wirtschaftlichen Interesses eines Dritten an der Zweckgesellschaft wird von einigen Autoren[43] mit einem Hinweis auf den Risk-and-Rewards-Approach nach den IFRS beantwortet. Die Autoren begründen es damit, dass vor allem die Entwicklungen in der internationalen Rechnungslegung zur Handhabung von Zweckgesellschaften diejenige im HGB beeinflusst habe.[44] Der Verfasser schließt sich dieser Auffassung an.

Währenddessen halten SCHIMMELSCHMIDT/HAPPE auch diese Lösung für irreführend. Sie sind vielmehr der Meinung, dass der Gesetzgeber diesen Ansatz bei der Beurteilung einer Einbeziehung von TU nicht beabsichtigt hat.[45] Auch REUTER kann der Zurechnung von Rechten nicht zustimmen. Er stellt fest, dass ein fiktives Treuhandverhältnis zwischen Leasingunternehmen/Investor und LN nicht besteht und es sich auch aus den gesellschafts-rechtlichen Regelungen nicht ergibt. Vielmehr weist er auf die Interessenswahrung aller Beteiligten hin, die auf ihre Vorteile bedacht sein werden. Er sieht deshalb für die Begründung einer treuhänderischen Führung durch den Investor für Zwecke des Sponsors keine Möglichkeit.[46]

Der Verfasser kann diese Auffassungen nachvollziehen, allerdings hält er eine wirtschaftliche Betrachtungsweise der Konstruktion, bei der der LN die Mehrheit der Risiken und Chancen trägt, unabhängig von dem Treuhandmerkmal, für geboten. Der Grund dafür ist in dem wesentlichen Zweck der Konzernrechnungslegung, nämlich dem Ausweis des Vermögens und der Schulden, über die der Konzern verfügen kann und dessen Risiken und Chancen er trägt, zu suchen. Ergibt eine Prüfung jedoch, dass ein Interessensgleichgewicht vorliegt, sollte von einer Konsolidierung abgesehen werden.

Der Konsolidierungsansatz nach § 290 Abs. 3 HGB betrifft nicht nur die erläuterte Leasingkonstruktion, sondern auch Gestaltungen von Zweckgesellschaften, die nach einem ähnlichen Muster aber mit einem anderen Zweck eingerichtet worden sind.

Eine Stellungnahme des Gesetzgebers und/oder eine eindeutige Regelung bezüglich der Zurechnungsproblematik bei Zweckgesellschaften, zum Beispiel im Rahmen einer Änderung der Konsolidierungskriterien mit Verweis auf eine wirtschaftliche Betrachtungsweise, würde die bisherige Rechtsunsicherheit aufheben und Klarheit schaffen.

---

[43] Zu nennen sind SCHRUFF/ROTHENBURGER und HOYOS/RITTER-THIELE.

[44] SCHRUFF/ROTHENBURGER plädieren aus Gründen der Klarstellung für ein weiteres Konsolidierungskriterium, welches den Bezug auf den Risk-and-Rewards-Approach vornimmt, vgl. Schruff, W. / Rothenburger, M.: Konsolidierung von Special Purpose Entities, 2002, S. 764. HOYOS/RITTER-THIELE halten im Rahmen eines HGB-Abschlusses eine Berücksichtigung der Stellungnahme des IDW (IDW RS HFA 2) zur Konsolidierung von Zweckgesellschaften nach IFRS für sinnvoll, vgl. Hoyos, M. / Ritter-Thiele, K.: § 290 HGB Konzernabschluss, 2006, Rz. 78.

[45] Vgl. Schimmelschmidt, U. / Happe, P.: Off-Balance-Sheet-Finanzierungen, 2004, S. 4.

[46] Vgl. Reuter, A.: Objekt- und Projektfinanzierungen, 2006, S. 1327.

4   Anhangsangaben

Sofern ein Unternehmen zu dem Ergebnis kommt, eine Zweckgesellschaft nicht konsolidieren zu müssen, kann es trotzdem dazu verpflichtet sein, im Anhang Angaben in Bezug auf Haftungsverhältnisse (§ 298 Abs. 1 i. V. m. § 251 HGB) und sonstige finanzielle Verbindlichkeiten / Verpflichtungen (§ 314 Satz 1 Nr. 2 HGB)[47] in Verbindung mit Zweckgesellschaften zu tätigen, die sich aus der Bilanz nicht ergeben.

Im Rahmen von ABS-Transaktionen können zum Beispiel Patronatserklärungen oder Garantien des Sponsors gegenüber den Investoren nach § 251 HGB vermerkpflichtig sein.[48] Der Begriff der sonstigen finanziellen Verpflichtungen nach § 314 HGB wurde nicht näher definiert. Sie werden verstanden als künftige Zahlungsansprüche Dritter, die für das Unternehmen zu Ausgaben führen. Angabepflichtig wären beispielsweise als Dauer-schuldverhältnis klassifizierte Leasingverträge, sofern sie eine Bedeutung für die Finanzlage der Unternehmung besitzen und als Geschäfte, die außerhalb des laufenden Betriebes bestehen, zu sehen sind. Das Unternehmen muss jedoch nur den Gesamtbetrag angeben, sollte aber bei heterogener Zusammensetzung eine Aufgliederung bevorzugen.[49] Zusätzlich muss eine gesonderte Angabe über die Verpflichtungen gegenüber nicht einbezogenen Tochterunternehmen erfolgen.[50]

Der Bilanzleser vermag nicht zu erkennen, welche Konstruktionen, Risiken und Chancen hinter Off-Balance-Sheet-Transaktionen stehen, deshalb ist es aus Transparenzgründen unerlässlich, diese Angaben zu erweitern. Die EU hat auf diese Problematik reagiert und am 16.08.2006 eine Änderung der 4. und 7. EG-Richtlinie veröffentlicht, die eine Erweiterung der Anhangsangaben für außerbilanzielle Geschäfte vorsieht.

---

[47] Die Vorschrift stimmt vom inhaltlichen her nahezu mit dem § 285 Satz 1 Nr. 3 HGB, der für Einzelabschlüsse gilt, überein.

[48] Vgl. Adler, H. u. a.: § 251 HGB, 1996, Rz. 82ff. Unabhängig von der Problematik, ob diese Garantien für einen Übergang der Forderungen auf die SPE schädlich sind.

[49] Vgl. Ellrott, H.: § 314 HGB, 2006, Rz. 14ff. Der Autor weist daraufhin, dass diese Vorschrift mit dem § 285 HGB wortwörtlich übereinstimmt.

[50] Vgl. § 314 Nr. 2 HGB.

Literaturverzeichnis (inklusive weiterführender Literatur)

Monographien, Kommentare, Dissertationen

Adler, H. u. a. [§ 251 HGB, 1996]
Rechnungslegung und Prüfung der Unternehmen (Gesamtausgabe) –
Kommentar zum HGB, AktG, GmbHG, PublG nach den Vorschriften des
Bilanzrichtlinien-Gesetzes, Teilband 6, 6. Aufl., Schäffer-Poeschel Verlag,
Stuttgart 1996.

Adler, H. u. a. [§ 18 AktG, 1996]
Rechnungslegung und Prüfung der Unternehmen (Gesamtausgabe) –
Kommentar zum HGB, AktG, GmbHG, PublG nach den Vorschriften des
Bilanzrichtlinien-Gesetzes, Teilband 4, 6. Aufl., Schäffer-Poeschel Verlag,
Stuttgart 1996.

Adler, H. u. a. [§ 290 HGB Konzernabschluss (ADS), 1996] und [§ 296 HGB, 1996]
Rechnungslegung und Prüfung der Unternehmen (Gesamtausgabe) –
Kommentar zum HGB, AktG, GmbHG, PublG nach den Vorschriften des
Bilanzrichtlinien-Gesetzes, Teilband 3, 6. Aufl., Schäffer-Poeschel Verlag,
Stuttgart 1996.

Born, K. [Rechnungslegung international, 2007]
Rechnungslegung international - IFRS im Vergleich mit HGB und US-
GAAP, 5. Aufl., Schäffer-Poeschel Verlag, Stuttgart 2007.

Brakensiek, S. [Bilanzneutrale Finanzierungsinstrumente, 2001]
Bilanzneutrale Finanzierungsinstrumente in der internationalen und
nationalen Rechnungslegung. Die Abbildung von Leasing, Asset-Backed-
Securities-Transaktionen und Special Purpose Entities im
Konzernabschluss, Verlag Neue Wirtschafts-Briefe, Herne/Berlin 2001.

Coenenberg, A. [Jahresabschluss, 2003]
Jahresabschluss und Jahresabschlussanalyse – Betriebswirtschaftliche,
handelsrechtliche, steuerrechtliche und internationale Grundsätze – HGB,
IAS/IFRS, US-GAAP, DRS, Schäffer-Poeschel Verlag, Stuttgart 2003.

Fahrholz, B. [Neue Formen der Unternehmensfinanzierung, 1998]
Neue Formen der Unternehmensfinanzierung:
Unternehmensübernahmen, Big-ticket-Leasing, Asset-Backed- und
Projektfinanzierungen, die steuer- und haftungsrechtliche Optimierung
durch Einzweckgesellschaften, Verlag C. H. Beck, München 1998.

Gräfer, H. / Scheld, G. [Konzernrechnungslegung, 2005]
Grundzüge der Konzernrechnungslegung, 9. Aufl., Erich Schmidt Verlag,
Berlin 2005.

Geib, G. u. a. [WP Handbuch, 2006]
WP Handbuch 2006 Wirtschaftsprüfung, Rechnungslegung, Beratung,
Band 1, 13. Aufl., IDW Verlag, Düsseldorf 2006.

Institut der Wirtschaftsprüfer (Hrsg.) [IDW Stellungnahmen zur Rechnungslegung, 2006]
IDW Prüfungsstandards (IDW PS), IDW Stellungnahmen zur
Rechnungslegung (IDW RS), IDW Standards (IDW S) einschließlich der
dazugehörigen Entwürfe IDW Prüfungs- und IDW

Rechnungslegungshinweise (IDW PH und IDW RH), 21. Erg.-Lieferung (März 2007), IDW-Verlag, Düsseldorf 2006.

KPMG (Hrsg.) [US-GAAP, 2007]
US-GAAP – Rechnungslegung nach US-amerikanischen Grundsätzen – Grundlagen der US-GAAP und SEC-Vorschriften, 4. Aufl., IDW Verlag, Düsseldorf 2007.

Küting, K. / Weber, C.-P. [Der Konzernabschluss, 2005]
Der Konzernabschluss – Lehrbuch zur Praxis der Konzernrechnungslegung, 9. Aufl., Schäffer-Poeschel Verlag, Stuttgart 2005.

Pellens, B. u. a. [Internationale Rechnungslegung, 2006]
Internationale Rechnungslegung: IFRS 1 bis 7, IAS 1 bis 41, IFRIC-Interpretationen, Standardentwürfe, 6. Aufl., Schäffer-Poeschel Verlag, Stuttgart 2006.

Schäfer, H. / Kuhnle, O. [Zweckgesellschaften, 2006]
Die bilanzielle Behandlung von Zweckgesellschaften und ihre Bedeutung im Rahmen der Corporate Governance. Betriebswirtschaftliche Handlungshilfen, Hans-Böckler-Stiftung, Düsseldorf 2006.

Sickmann, E. [Variable Interest Entities, 2005]
Die Konsolidierung von Variable Interest Entities (Diss.), IDW Verlag, Düsseldorf 2005.

Wöhe, G. / Bilstein, J. [Grundzüge der Unternehmensfinanzierung, 2002]
Grundzüge der Unternehmensfinanzierung, 9. Aufl., Verlag Franz Vahlen, München 2002.

Aufsätze in Sammelwerken

Baetge, J. u.a. [IAS 27 Konzernabschlüsse, 2006]
IAS 27 Konzern- und separate Einzelabschlüsse, in: Rechnungslegung nach IFRS – Kommentar auf der Grundlage des deutschen Bilanzrechts, (Hrsg.): Baetge, J., 2. Aufl., 3. Erg.-Lieferung (Dez. 2006), Schäffer-Poeschel Verlag, Stuttgart 2006, S. 1-81.

Braun, H. [Asset-Backed-Securities, 2005]
Klassifizierung von Asset-Backed-Securities, in: Praktiker-Handbuch Asset-Backed-Securities und Kreditderivate – Strukturen, Preisbildung, Anwendungsmöglichkeiten, aufsichtliche Behandlung, (Hrsg.): Gruber, J. u. a, Schäffer-Poeschel Verlag, Stuttgart 2005, S. 61-75.

Ellrott, H. [§ 314 HGB, 2006]
§ 314 HGB Sonstige Pflichtangaben, in: Beck'scher Bilanz-Kommentar: Handels- und Steuerbilanz, §§ 238 bis 339, 342 bis 342e HGB mit EGHGB und IAS/IFRS-Abweichungen, (Hrsg.): Ellrott, H., 6. Aufl., Verlag C.H. Beck, München 2006, S. 1789-1806.

Ellrott, H. [§ 251 HGB, 2006]
§ 251 HGB Haftungsverhältnisse, in: Beck'scher Bilanz-Kommentar: Handels- und Steuerbilanz, §§ 238 bis 339, 342 bis 342e HGB mit EGHGB und IAS/IFRS-Abweichungen, (Hrsg.): Ellrott, H., 6. Aufl., Verlag C.H. Beck, München 2006, S. 383-399.

Engel-Ciric, D. / Freiberg, J. [Leasing, 2006]

§ 15 Leasing, in: Haufe IFRS-Kommentar, (Hrsg.): Lüdenbach, N. / Hoffmann, W.-D., 4. Aufl., Rudolf Haufe Verlag, Freiburg 2006, S. 549-632.

Gelhausen, F. / Weiblen, S. [Leasingverträge im Konzernabschluss, 2003]
Behandlung von Leasingverträgen in Konzernabschlüssen, in: HdJ – Handbuch des Jahresabschlusses. Rechnungslegung nach HGB und internationalen Standards, (Hrsg.): v. Wysocki, K. / Schulze-Osterloh, J., 39. Erg.-Lieferung (Nov. 2006), Dr. Otto Schmidt Verlag, Köln 2006, Abt. I/5, Rz. 185-214.

Hoyos, M. / Ritter-Thiele, K. [§ 290 HGB Konzernabschluss, 2006]
§ 290 HGB Konzernabschluss, in: Beck'scher Bilanz-Kommentar: Handels- und Steuerbilanz, §§ 238 bis 339, 342 bis 342e HGB mit EGHGB und IAS/IFRS-Abweichungen, (Hrsg.): Ellrott, H., 6. Aufl., Verlag C.H. Beck, München 2006, S. 1340-1361.

Lüdenbach, N. / Hoffmann, W.-D. [Rahmenkonzept, 2006]
§ 1 Rahmenkonzept (Framework), in: Haufe IFRS-Kommentar, (Hrsg.): Lüdenbach, N. / Hoffmann, W.-D., 4. Aufl., Rudolf Haufe Verlag, Freiburg 2006, S. 25-80.

Lüdenbach, N. [Tochterunternehmen, 2006]
§ 32 Tochterunternehmen im Konzern- und Einzelabschluss, in: Haufe IFRS-Kommentar, (Hrsg.): Lüdenbach, N. / Hoffmann, W.-D., 4. Aufl., Rudolf Haufe Verlag, Freiburg 2006, S. 1545-1625.

Aufsätze in Zeitschriften und Zeitungen

Beiersdorf, K. / Bogajewskaja, J. [Entwicklung der IFRS, 2005]
Von der Entwicklung der IFRS bis zur Übernahme in europäisches Recht, in: Accounting 10/2005, S. 5-9.

Bender, H. J. [Vergleich der Leasing Standards, 2002]
Vergleich der Leasing Standards nach deutschem Recht, IAS und US-GAAP, in: Betriebs-Berater 27/2002 in der Beilage 5/2002, S. 20-27.

Brakensiek, S. / Küting, K. [Special Purpose Entities, 2002]
Special Purpose Entities in der US-amerikanischen Rechnungslegung – Können Bilanzierungsregeln Fälle wie die Enron-Insolvenz verhindern?, in: Steuer- und Bilanzpraxis 5/2002, S. 209-215.

Engel, J. [Small-Ticket- und Big-Ticket-Leasing, 2000]
Small-Ticket- und Big-Ticket-Leasing – Vertragsgestaltung und Bilanzierung nach internationalen Rechnungslegungsvorschriften, in: Betriebs-Berater 18/2000 in der Beilage 5/2000, S. 28-30.

Engel-Ciric, D. / Schuler, Ch. [Asset-Backed-Securities-Transaktionen, 2005]
Factoring und Asset-Backed-Securities-Transaktionen nach IFRS, in: Praxis der internationalen Rechnungslegung 2/2005, S. 19-24.

Findeisen, K.-D. / Roß, N. [ABS-Transaktionen im Konzernabschluss, 1999]
Asset-Backed Securities-Transaktionen im Einzel- und Konzernabschluss des Veräußeres nach International Accounting Standards, in: Der Betrieb 44/1999, S. 2224-2227.

Füllbier, R. / Pferdehirt, H. [Abschied vom Off-Balance-Sheet-Approach, 2005]
Überlegungen des IASB zur künftigen Leasingbilanzierung: Abschied vom

off balance sheet approach, in: KoR 7-8/2005, S. 275-285.

Hansen, R. [IAS und US-GAAP, 2000]
IAS und US-GAAP – Off-Balance-Finanzierungen verbessern die Performance, in: Betriebs-Berater 18/2000 in der Beilage 5/2000, S. 31-32.

Helmschrott, H. [Einbeziehung einer Leasingobjektgesellschaft, 1999]
Einbeziehung einer Leasingobjektgesellschaft in den Konzernabschluss des Leasingnehmers nach HGB, IAS und US-GAAP, in: Der Betrieb 37/1999, S. 1865-1871.

Knorr, L. u. a. [Konzernrechnungslegungspflicht, 2005]
Konzernrechnungspflicht und Konsolidierungskreis – Wechselwirkungen und Folgen für die Verpflichtung zur Anwendung der IFRS, in: Betriebs-Berater 44/2005, S. 2399-2403.

Köhler, A. u. a. [Reformansätze zum HGB, 2006]
Reformansätze zum HGB – Studie zur Einschätzung der Vorschläge des Deutschen Standardisierungsrates (DSR), in: Der Betrieb 43/2006, S. 2301-2306.

Kustner, C. [Special Purpose Entities, 2004]
Special Purpose Entities – Wirtschaftliche Merkmale und Bilanzierung in der internationalen Rechnungslegung, in: KoR 7-8/2004, S. 308-318.

Lanfermann, G. / Maul, S. [EU-Rechnungslegungsrichtlinien, 2006]
Änderung der EU-Rechnungslegungsrichtlinien, in: Betriebs-Berater 37/2006, S. 2011-2015.

Lüdenbach, N. / Hoffmann, W.-D. [Enron und die Umkehrung der Kausalität, 2002]
Enron und die Umkehrung der Kausalität der Rechnungslegung, in: Der Betrieb 23/2002, S. 1169-1175.

Melcher, W. / Penter, V. [Konsolidierung von Objektgesellschaften, 2003]
Die Konsolidierung von Objektgesellschaften und ähnlichen Strukturen nach US-GAAP – Von Special Purpose Entities zu Variable Interest Entities, in: Der Betrieb 10/2003, S. 513-518.

Mellwig, W. [Konsolidierung von Leasingobjektgesellschaften, 2000]
Die Konsolidierung von Leasingobjektgesellschaften im Konzernabschluss, in: Betriebs-Berater 18/2000 in der Beilage 5/2000, S. 25-28.

Müller, Ch. u. a. [Risk-and-Rewards-Ansatz, 2005]
Der Risk-and-Rewards-Ansatz bei der Konsolidierung von Zweckgesellschaften nach IFRS – Die Cashflow-Analyse nach FIN 46 als mögliches Vorbild für eine praxisorientierte Auslegung von SIC-12?, in: Betriebs-Berater 32/2005, BB-Special 8/2005, S. 26-32.

Niehus, R. [Modernisierung der Bilanzrichtlinien, 2002]
Der EU-Vorschlag für eine „Modernisierung" der Bilanzrichtlinien, in: Der Betrieb 27-28/2002, S. 1385-1390.

Reuter, A. [Objekt- und Projektfinanzierungen, 2006]
Objekt- und Projektfinanzierungen zwischen Zurechnung und Konsolidierung nach HGB, IFRS und US-GAAP, in: Betriebs-Berater 24/2006, S. 1322-1329.

Reuter, A. [Bilanzneutrale Gestaltungen, 2000]

Bilanzneutrale Gestaltungen von Projektfinanzierungen nach GoB, Leasingregeln und US-GAAP, in: Betriebs-Berater 13/2000, S. 659-666.

Reuter, A. [Projektfinanzierung, 1999]
Was ist und wie funktioniert Projektfinanzierung?, in: Der Betrieb 1/1999, S. 31-37.

Schimmelschmidt, U. / Happe, P. [Off-Balance-Sheet-Finanzierungen, 2004]
Off-Balance-Sheet-Finanzierungen am Beispiel der Bilanzierung von Leasingverträgen im Einzelabschluss und im Konzernabschluss nach HGB, IFRS und US-GAAP, in: Der Betrieb 48/2004 in der Beilage 9/2004, S. 1-12.

Schmidbauer, R. [Konsolidierung von Special Purpose Entities, 2002]
Die Konsolidierung von „Special Purpose Entities" nach IAS, HGB, insbesondere unter Berücksichtigung von E-DRS 16, in: DStR 24/2002, S. 1013-1017.

Schruff, W. / Rothenburger, M. [Konsolidierung von Special Purpose Entities, 2002]
Zur Konsolidierung von Special Purpose Entities im Konzernabschluss nach US-GAAP, IAS und HGB, in: Die Wirtschaftsprüfung 14/2002, S. 755-765.

Geschäftsberichte 2006 (Internet-Links)

Adidas AG   http://www.adidas-group.com/de/investor/_downloads/pdf/annual_reports/ 2006/GB2006_de.pdf, letzter Zugriff: 27. Juni 2007.

Allianz AG   http://www.allianz.com/de/allianz_gruppe/investor_relations/ berichte_und_finanzdaten/geschaeftsbericht/gb2006_gruppe.html, letzter Zugriff: 27. Juni 2007.

Altana AG   http://www.altana.com/downloads/publications/ ALTANA_GB_2006_D_upload_f7cfd853f5.pdf, letzter Zugriff: 27. Juni 2007.

BASF AG   http://berichte.basf.de/-download.htm?docid=13975&aname=anhang& MTITEL=Download+BASF+Finanzbericht+2006,+PDF-Datei&suffix=. pdf&id=WABmFAfvfbcp-_z, letzter Zugriff: 27. Juni 2007.

Bayer AG   http://www.geschaeftsbericht2006.bayer.de/de/ bayer_geschaeftsbericht_2006.pdfx, letzter Zugriff: 27. Juni 2007.

BMW AG   http://www.bmwgroup.com/bmwgroup_prod/d/0_0_www_bmwgroup_com/ investor_relations/finanzberichte/geschaeftsberichte/2006/popup/ _downloads/gb2006_gesamt.pdf, letzter Zugriff: 27. Juni 2007.

Commerzbank AG   https://www.commerzbank.de/aktionaere/konzern/2007/gb2006/download/ index.html, letzter Zugriff: 27. Juni 2007.

Continental AG   http://www.conti-online.com/generator/www/com/de/continental/portal/themen/ir/ veroeffentlichungen/01_berichte/download/gb_2006_gesamt_de.pdf, letzter Zugriff: 27. Juni 2007.

DaimlerChrysle r AG   http://www.daimlerchrysler.com/Projects/c2c/channel/documents/ 1003904_DCX_2006_Geschaeftsbericht.pdf, letzter Zugriff: 27. Juni 2007.

Deutsche Bank AG	http://www.deutsche-bank.de/ir/pdfs/Jahresbericht_2006.pdf, letzter Zugriff: 27. Juni 2007.
Deutsche Börse AG	http://deutsche-boerse.com/dbag/dispatch/de/binary/gdb_navigation/investor_relations/30_Reports_and_Figures/30_Anual_Reports/10_Annual_Report_2006/Content_Files/10_complete_version/GB_komplett_2006.pdf, letzter Zugriff: 27. Juni 2007.
Deutsche Post AG	http://finanzberichte.dpwn.de/2006/gb/serviceseiten/downloads/files/download.php?file=gesamt_dp_gb06.pdf, letzter Zugriff: 27. Juni 2007.
Deutsche Telekom AG	http://www.download-telekom.de/dt/StaticPage/25/21/82/070301_dtag_gb_2006.pdf_252182.pdf, letzter Zugriff: 27. Juni 2007.
E.ON AG	http://www.eon.com/de/downloads/GB_D_komplett_geschuetzt_2006.pdf, letzter Zugriff: 27. Juni 2007.
Fresenius AG	http://www.fresenius.de/internet/fag/de/faginpub.nsf/AttachmentsByTitle/geschaeftsbericht_06/$FILE/GB_2006_deutsch.pdf, letzter Zugriff: 27. Juni 2007.
Henkel AG	http://www.henkel.de/de/content_data/Geschaeftsbericht_2006.pdf, letzter Zugriff: 27. Juni 2007.
HypoRealEstate AG	http://www.hyporealestate.com/pdf/Geschaeftsbericht_Group_03_13_sg.pdf, letzter Zugriff: 27. Juni 2007.
Infineon AG	http://www.infineon.com/upload/Document/Investor/reports/ar2006/GB2006_komplett_d.pdf, letzter Zugriff: 27. Juni 2007.
Linde AG	http://www.linde.com/international/web/linde/like35lindede.nsf/repositorybyalias/gb_2006/$file/Linde_GB_2006_deutsch.pdf, letzter Zugriff: 27. Juni 2007.
Lufthansa AG	http://www.lufthansa-financials.de/servlet/PB/show/1020974/DLH_GB_2006d.pdf, letzter Zugriff: 27. Juni 2007.
MAN AG	http://manag.man-mit.com/MAN-Downloadgalleries/DE/Investoren/Geschaeftsberichte/Geschaeftsbericht_2006.pdf, letzter Zugriff: 27. Juni 2007.
Metro AG	http://logging.mgi.de/ObjectTracking/www.metrogroup.de/multimedia/microsite/Geschaeftsbericht-2006/pdf/GB2006-de.pdf, letzter Zugriff: 27. Juni 2007.
Münchner Rück AG	http://www.munichre.com/publications/302-05251_de.pdf, letzter Zugriff: 27. Juni 2007.
Postbank AG	http://ir.postbank.de/postbank/de/berichte/PBGB06_D_gesch.pdf, letzter Zugriff: 27. Juni 2007.
RWE AG	http://www.rwe.com/generator.aspx/investor-relations/finanzberichte/2006/property=Data/id=419204/geschaeftsbericht2006.pdf, letzter Zugriff: 27. Juni 2007.
SAP AG	http://www.sap.com/germany/company/investor/pdf/GB2006_D.pdf, letzter Zugriff: 27. Juni 2007.
Siemens AG	http://www.siemens.com/Daten/siecom/HQ/CC/Internet/Annual/WORKAREA/gb06_ed/templatedata/Deutsch/file/binary/D06_00_GB2006_1417680.PDF, letzter Zugriff: 27. Juni 2007.

ThyssenKrupp AG	http://www.thyssenkrupp.com/fr/05_06/download/de/ Geschaeftbericht_2005_2006.pdf, letzter Zugriff: 27. Juni 2007.
TUI AG	http://www.tui-group.com/uuid/d1e6f76a113b439187edd55f d0868cc5?ref=71b2e33d9e28453c90b4154b1b5e0f38, letzter Zugriff: 27. Juni 2007.
Volkswagen AG	http://www.volkswagenag.com/vwag/vwcorp/info_center/de/publications/ 2007/03/GB_2006.-bin.acq/qual-BinaryStorageItem.Single.File/ GB_2006_d.pdf, letzter Zugriff: 27. Juni 2007.

Internetquellen

Bundesministerium der Justiz
Per E-MAIL: Antwort auf eine Anfrage bezüglich des Bilanzrechtsmodernisierungsgesetzes, Verfasser möchte nicht genannt werden, Pers. Email, 29.06.2007.

Deloitte & Touche GmbH (Hrsg.) [Studie – Statistischer Anhang, 2006]
Modernisierung des HGB – Statistischer Anhang, November 2006, der Anhang ist abrufbar im Sekretariat von Frau Prof. Dr. Annette G. Köhler (monika.schmock@uni-duisburg-essen.de).

Deloitte & Touche GmbH (Hrsg.) [Modernisierung des HGB, 2006]
Modernisierung des HGB – Meinungsbild zu den Vorschlägen des Deutschen Standardisierungsrates (DSR), November 2006, verfügbar unter: http://www.deloitte.com/dtt/press_release/ 0,1014,cid%253D142338,00.html, letzter Zugriff: 25. Juni 2007.

DRSC (Hrsg.) [Bericht des DSR zur 48./49. Sitzung, 2002]
Bericht des Deutschen Standardisierungsrates über die 48. Sitzung am 06. und 07. März 2002 in Berlin sowie über die 49. Sitzung am 14. und 15. März 2002 in Berlin, verfügbar unter http://www.standardsetter.de/drsc/docs/ reports/gasb/48_49_meeting.html, letzter Zugriff: 25. Juni 2007.

DRSC (Hrsg.) [E-DRS 16, 2001]
Entwurf Deutscher Rechnungslegungsstandard Nr. E-DRS 16: Aufstellung des Konzernabschlusses und Konsolidierungskreis, 12.12.2001, verfügbar unter http://www.standardsetter.de/drsc/docs/drafts/16.html, letzter Zugriff: 25. Juni 2007.

DSR (Hrsg.) [Vorschläge zum BilMoG, 2005]
Vorschläge des DSR zum Bilanzrechtsmodernisierungsgesetz vom 03.05.2005, verfügbar unter: www.standardsetter.de/drsc/docs/ press_releases/VorschlagBilMoG_DSR.pdf, letzter Zugriff: 25. Juni 2007.

EU-Kommission (Hrsg.) [Press Release IP/04/1318, 2004]
Abschlüsse: Kommission schlägt gemeinsame Verantwortung des Vorstands und verstärkte Offenlegung von Geschäften, außerbilanziellen Zweckgesellschaften und zur „Corporate Governance" vor, Press Release IP/04/1318 vom 28.10.2004, verfügbar unter: http://europa.eu/rapid/ pressReleasesAction.do?reference=IP/04/1318&format=HTML&aged=1& language=DE&guiLanguage=fr, letzter Zugriff: 25. Juni 2007.

EU-Kommission (Hrsg.) [Press Release IP/03/716, 2003]
Gesellschaftsrecht und Corporate Governance: Kommission legt

Aktionsplan vor, Press Release IP/03/716 vom 21.05.2003, verfügbar unter: http://europa.eu/rapid/pressReleasesAction.do?reference=IP/03/716&format=HTML&aged=1&language=DE&guiLanguage=en, letzter Zugriff: 25. Juni 2007.

European Securitisation Forum (Hrsg.) [Data Report Winter 2007, 2007]
Securitisation Data Report - Winter 2007, verfügbar unter: http://www.europeansecuritisation.com/ESFDataTEMPLATEv2FINAL.pdf, letzter Zugriff: 24. Juni 2007.

European Securitisation Forum (Hrsg.) [Data Report Winter 2005, 2005]
Securitisation Data Report - Winter 2005, verfügbar unter: http://www.europeansecuritisation.com/pubs/ESFDataRprt0205.pdf, letzter Zugriff: 24. Juni 2007.

FASB (Hrsg.)   FASB Interpretation No. 46 (revised December 2003), verfügbar unter: http://www.fasb.org/pdf/fin%2046.pdf, letzter Zugriff: 02. Juli 2007.

FASB (Hrsg.) [Consolidation, 2007]
Consolidations: Policy and Procedure, updated 30.04.2007, verfügbar unter: http://www.fasb.org/project/research_projects.shtml, letzter Zugriff: 03. Juli 2007.

IASB (Hrsg.) [Work Plan, 2007]
IASB (Hrsg.): Work Plan, Stand: 30.06.2007, verfügbar unter: http://www.iasb.org/Current+Projects/IASB+Projects/IASB+Work+Plan.htm, letzter Zugriff: 03. Juli 2007.

IASB (Hrsg.) [Consolidation, 2007]
IASB: Project "Consolidation (including Special-Purpose-Entities)", latest revision: June 2007, verfügbar unter: http://www.iasb.org/NR/rdonlyres/9F162845-F1FC-435B-A826-48F4BE6B4B88/0/Consolidations.pdf, letzter Zugriff: 03. Juli 2007.

IASB (Hrsg.) [Consolidation – Education Session, 2006]
Consolidation (including special purpose entities) [Education Session]: Application of the Proposed Consolidations Framework to Entities that are within the Scope of SIC-12 (Agenda Paper 7B) vom 18.09.2006, verfügbar unter: http://www.iasb.org/NR/rdonlyres/16F48153-5D18-4037-9A6C-58DABF2C17D0/0/Obnotes_Consols0609ob07b.pdf, letzter Zugriff: 25. Juni 2007.

IDW [Stellungnahme zum E-DRS 16, 2002]
Die Stellungnahme des IDW (14.01.2002) und weitere Stellungnahmen zum E-DRS 16 an den DSR sind verfügbar unter: http://www.standardsetter.de/drsc/dox.php?do=show_docs&type_id=2&cat_id=10&base_doc_id=16, letzter Zugriff: 25. Juni 2007.

Schulz, H.-G. / Eckstein, W. [Stellungnahme zum E-DRS 16, 2002]
Stellungnahme des Bundesverbandes Deutscher Leasing-Unternehmen vom 17.01.2002 an den DSR, verfügbar: siehe IDW Stellungnahme.

Siebourg, P. [Stellungnahme zum E-DRS 16, 2002]
Stellungnahme der Gesellschaft für Finanzwirtschaft in der Unternehmensführung e. V. vom 16.01.2002 an den DSR, verfügbar: siehe IDW Stellungnahme.

Sonstige Quellen

Bohl., W.
(Hrsg.)   IFRS-Texte: Textausgabe der im Amtsblatt veröffentlichten internationalen Rechnungslegungsstandards IAS/IFRS, Stand: 01.03.2006, Verlag C.H. Beck, München 2006.

o. V.   Wichtige Steuergesetze mit Durchführungsverordnungen, Stand: 01.01.2007, 55. Aufl., Verlag Neue Wirtschafts-Briefe, Herne/Berlin 2007.

o. V.   Siebente gesellschaftsrechtliche Richtlinie 83/349/EWG über den konsolidierten Abschluss vom 13.06.1983, ABlEG L 193 v. 18.07.1983, S. 1ff. zuletzt geändert am 14.06.2006, ABlEG L 224 vom 16.08.2006.

o. V. [Richtlinie 2006/46/EG vom 14.06.2006]
       RL 2006/46/EG v. 14.06.2006 zur Änderung der Richtlinien des Rates 78/660/EWG über den Jahresabschluss von Gesellschaften bestimmter Rechtsformen, 83/349/EWG über den konsolidierten Abschluss, 86/635/EWG über den Jahres- und den konsolidierten Abschluss von Banken und anderen Finanzinstituten und 91/674/EWG über den Jahresabschluss und den konsolidierten Abschluss von Versicherungsunternehmen, ABlEG L 224 vom 16.08.2006.

o. V.   Handelsgesetzbuch, Stand: 01.01.2005, 42. Aufl., Deutscher Taschenbuch Verlag, München 2005.

o. V.   Wichtige Wirtschaftsgesetze, Stand: 01.03.2004, 17. Aufl., Verlag Neue Wirtschafts-Briefe, Herne/Berlin 2004.

o. V. [Richtlinie 2003/51/EG vom 18.06.2003]
       Richtlinie 2003/51/EG vom 18.06.2003 zur Änderung der Richtlinien 78/660/EWG, 83/349/EWG, 86/635/EWG und 91/674/EWG über den Jahresabschluss und den konsolidierten Abschluss von Gesellschaften bestimmter Rechtsformen, von Banken und anderen Finanzinstituten sowie von Versicherungsunternehmen, in: ABlEG L 178 vom 17.07.2003.

o. V.   Verordnung (EG) Nr. 1606/2002 des Europäischen Parlaments und des Rates vom 19.07.2002 betreffend die Anwendung internationaler Rechnungslegungsstandards, in: ABlEG L 243/1 vom 11.09.2002. (IFRS-Verordnung).

o. V.   BMF-Schreiben vom 21.03.1972, IV B2 – S 2170 – 11/72 (Immobilien-Leasing-Erlass).

o. V.   BMF-Schreiben vom 19.04.1971, IV B2 – S 2170 – 31/71 (Mobilien-Leasing-Erlass).

SEC (Hrsg.)   EITF Appendix No. D-14: "Transactions involving Special-Purpose Entities", 1989.

BEI GRIN MACHT SICH IHR WISSEN BEZAHLT

- Wir veröffentlichen Ihre Hausarbeit, Bachelor- und Masterarbeit

- Ihr eigenes eBook und Buch - weltweit in allen wichtigen Shops

- Verdienen Sie an jedem Verkauf

Jetzt bei www.GRIN.com hochladen und kostenlos publizieren